漆藝美學技術析論

── 王清霜家族作品集

劉 秋 蘭 著

藝　術　叢　刊

文史哲出版社印行

國家圖書館出版品預行編目資料

漆藝美學技術析論：王清霜家族作品集 /
劉秋蘭著. -- 版 -- 臺北市：
文史哲, 民 107.10
頁； 公分（藝術叢刊；21）
ISBN 978-986-314-441-0 (平裝)

1.漆藝 2.作品集

938.9   107017817

藝　術　叢　刊　₂₁

漆藝美學技術析論
王清霜家族作品集

著　　者：劉　　　　秋　　　　蘭
出　版　者：文　史　哲　出　版　社
　　　　　　http://www.lapen.com.tw
　　　　　　e-mail：lapen@ms74.hinet.net
登記證字號：行政院新聞局版臺業字五三三七號
發　行　人：彭　　　　正　　　　雄
發　行　所：文　史　哲　出　版　社
印　刷　者：文　史　哲　出　版　社
　　　　　　臺北市羅斯福路一段七十二巷四號
　　　　　　郵政劃撥帳號：一六一八〇一七五
　　　　　　電話886-2-23511028・傳真886-2-23965656
實價新臺幣六六〇元

二〇一八年（民107）十月初版

本書榮獲國立台北科技大學
一○七年教育部高等教育
深耕計畫經費補助出版

特此致謝

自　序

　　筆者長期以來一直從事與傳統工藝文化相關研究，有幸透過實地田野與作品調查，研究王清霜家族漆藝美學與製作技術。多次行旅往返台北與草屯，與王清霜家族無數書信往來，期間更受到王清霜伉儷、王賢民、王賢志與王峻偉大力協助，提供照片、資料、手稿與最後審稿，更全力促成國立臺北科技大學藝文中心舉辦「漆藝人間國寶·王清霜家族作品特展」及蒔繪教學工作坊，筆者感銘在心，特此致謝。

　　在此書即將付梓之際，特別感謝國立臺北科技大學對筆者的栽培，特別是教育部 107 年高教深耕計畫(善盡社會責任 USR)、教務處、學務處長官與同仁協助，以及文史哲出版社彭雅雲小姐耐心校對、協助出版；更感謝葶葶、念芸和品萱無可取代的協助。因著團隊同心協力，此書於 2018 年 11 月王清霜家族作品特展之際，得以出版，有助學生與社會大眾對漆藝和蒔繪美學有更深體驗，並善盡大學對校園及社會推廣美學之責任。

劉秋蘭 謹誌於國立臺北科技大學

二〇一八年十一月一日

導　論

臺灣漆器的發展從明清朝時期開始，先民渡海來臺，漆器與漆文化也隨之飄洋過海。然早期移民的生活困苦，漆藝應用多見於建築髹飾、神佛彩繪，只有在新居落成、結婚等喜慶之日，才會從福州購置眠床、櫥櫃、桌椅、籃子、茶盤等日常漆器用品。當時臺灣不產漆樹，生漆皆從中國、越南進口。直到日本時期從越南引進漆樹種植，又設立臺中工藝傳習所，漆藝才在臺灣扎根。此時，臺灣漆藝受福州系統與日本系統影響，經由山中公結合為臺灣本土風格，習藝生王清霜（1922-）又將日本蒔繪技法於臺灣發揚，奠定如今臺灣漆藝面貌。

王清霜對臺灣漆藝的重要貢獻

本書出版重要意義不僅止於王家在臺灣百年漆藝發展中，於技藝特殊性、藝術性、延續性扮演舉足輕重的角色，王清霜更是臺灣近百年漆藝發展演變見證者，他的人生經歷幾乎說明了臺灣漆藝的發展歷程：接受學院

教育訓練（1937-1940），至日本東京美術學校進修（1940-1944），為臺灣漆藝發展第一代耕耘者。曾至新竹漆器工廠工作（1947-1949），加強他對漆器的研究及製作，也因此具備產業化的經驗。爾後更受顏水龍之邀，至南投縣政府教授工藝設計（1952-1955），又於臺灣省政府擔任技術研究人員，對國家工藝產業的發展有極大助益。實務經驗與藝術美感涵養，對於他創立美研工藝公司（1959-1991）有極大幫助，促使他將漆藝、美學、產業三者相互結合，使工藝美學與社會需求接軌。近年來，王清霜及其家族從漆工藝生產轉向大型漆畫創作的推動，落實工藝藝術化，藝術工藝化。王清霜至今已達97歲高齡，但仍積極創作與傳承技藝，他對臺灣漆藝界的重要性及具體貢獻如下：

- 精通各種漆藝技法，保存漆藝此一特殊文化技藝。
- 精湛的蒔繪技法與藝術美感，使其漆藝特色獨具一格，蔚為一派。
- 漆藝技法不只傳授於子女，還收受藝生，不以為私而傳賢，對於漆藝的傳習和推廣盡心竭力。

王清霜家族的蒔繪使用

　　此次研究將以美研工藝公司時期的產品為起點，包括器皿、立體作品以及平面漆畫等等，呈現王家三代各時期的創作。王清霜早期創設美研工藝公司，作品以實用美觀為主要目的，他將純熟的蒔繪技法，運用在製造民生用品上，精巧細緻的漆盒、漆盤、硯盒等等，不只具有欣賞性，更具備了實用性，讓漆器走入更多人的生活，也美化了臺灣人當時的民生用品。後期則轉為以漆畫創作為主，王清霜將蒔繪技法發揮到極致，其著名的作品〈玉山〉、〈月下美人〉、〈桐林瑞梅〉完美呈現他精妙技巧，融合臺灣傳統文化與日本蒔繪漆藝技法，表現出豐富藝術內涵與生命力。王賢民、王賢志以及王峻偉三人，受到王清霜直接指導，耳濡目染之下，三人的創作不僅承襲王清霜，更融合所學與環境帶來的啟發，創造出自己風格的作品，如王賢民的〈競艷〉、王賢志的〈彤霞映梅〉、王峻偉的〈艷紫荊〉等等。王清霜與兒子亦曾共同創作〈天人合一〉，為臺灣漆藝薪傳一大盛事。

王清霜家族的蒔繪美學風格

　　王清霜的工藝美學與創作理念，定調了王氏家族的

美學風格。其子賢民、賢志與父親朝夕相伴，不論是漆藝技巧，構圖美學、材質運用、創作精神等等，受嚴格訓練，薰陶甚深，乃至於王家最年輕的創作者王峻偉亦是。三人雖非美術相關科系出身，自幼即由父親、祖父親自教授構圖、素描，學習最正統也最直接的「王清霜蒔繪美學風格」。此外，王清霜和兒子、孫子也會互相討論創作要領，相互砥礪，激盪創作的火花。

王清霜家族的蒔繪創作蘊藏對土地的熱愛與關懷，生活是創作的源泉，用心感受週遭事物的內在本質，再透過材質、構圖予以重現「美」的體驗，是藝術創作者獨特的才能與任務。而藝術源於生活，也離不開生活。工藝是因生活所需而產生，卻也因此豐富了生活、創造出多彩多姿的生活文化。因此，王清霜家族在早期漆工藝生產就積極地落實此一理念。王賢民、王賢志、王峻偉亦受此影響，創作出如〈舞〉、〈高冠展翠〉、臺中市市長伴手禮〈葫蘆墩〉等作品，王峻偉在 2015、2016 年更與誠品書店合作，設計精美漆器年節餅盒。

結　語

漆藝這項古老傳統技藝，乘載了中國七千餘年的文

化底蘊。漆器猶如彬彬君子，溫潤如玉，卻是外柔內剛，由時間見證它堅韌的本質，在潮流的淘洗中，不斷地淬礪，新與舊的交替，激盪出時代絢麗斑斕的火花，隨著歲月流傳而更加亮麗。王清霜祖孫三代對臺灣漆藝的推廣不遺餘力，使其綻放屬於自己的光彩。王家三代的漆藝技法、美學涵養成就臺灣超過一甲子的漆藝風格，本書以習藝過程、美學理念、工序工法為主，探索王清霜家族漆藝的奧秘。

漆藝美學技術析論
——王清霜家族作品集

目　　次

圖表目錄

壹　漆‧源──漆藝的演變

一、中國漆器發展

　　漆器由來已久，自河姆渡文化的一只木碗開始，揭開中國漆器演進序幕，見證了漆器七千餘年歷史。「漆」原指樹皮內的樹脂製成的漆液，將漆液作為塗料，「漆」便有了塗料和塗抹的意思。古代稱漆器和相關的漆工藝為「髹飾」，有用漆塗抹、紋飾的意思。[1]從最初的朱、黑二色[2]到如今的色彩斑斕、萬華紛呈，經由無數人的努力、積累，促使各種技法不斷的創新、突破，髹飾、螺鈿、戧金、犀皮、夾紵、平脫、雕漆、填漆、款彩，是先人智慧與心血的結晶、無形的文化遺產、藝術瑰寶，造就了中國漆器工藝獨特地位。

---

[1] 翁徐得、黃麗淑（2000）。《尋根與展望──臺灣的漆器》。臺北市：商周編輯顧問股份有限公司。頁 20。

[2] 翁徐得總編輯（2000）。《生活漆藝創作展專輯》。南投縣：國立臺灣工藝研究所。頁 3。

　　中國漆器的發展融入人們生活之中，走入宗教祭壇之上，進入信仰中心。如同殷商漆器上的饕餮紋，象徵著神秘的天神崇拜；漢代的漆器裝飾大量出現雲紋、山紋元素，顯示時人信奉道教、重視巫術；魏晉南北朝時期，佛教盛極一時，漆器被人們用來塑造佛像，方便宣教、供信眾膜拜。唐代漆器清新活潑、富麗豐滿，宋朝素樸典雅，沉靜內斂，各有風采。[3]漆器的製作，反映著當時人們的文化思想、社會風貌，其發展可說是時代縮影。

　　繁榮璀璨的時代，造就文化工藝的躍進。明代漆器製作的專業化生產也越具規模與普及，具有官方製漆廠和民間製漆廠。民間製漆廠遍及南北，各地產品各有所長。到了清代，民間製漆廠甚至成為各自的製作中心和地方特色，如北京的雕漆、揚州的螺鈿、四川的螺嵌填漆等。[4]然而，漆工們並不滿足於現狀，力求精進，脫青於藍，發揚各地漆藝技巧，更將多種或兩種傳統技法結合，融入異國風情，在紋飾形貌上也力求新穎，產品精美華麗，巧妙細緻。中國漆器也隨著當時繁盛的貿易流

---

[3] 同註2，頁3-7。
[4] 同註1，頁29。

向世界各地，向世界各國展示中國漆藝成就。

　　明清時期，中日兩方貿易往來，將日本的蒔繪技巧傳入中國，漆工學習日本蒔繪技巧[5]，中日技藝交會，為尋求突破的漆工提供一條路徑，雍正、乾隆年間更是經常仿製日本蒔繪漆器。蒔繪是日本漆藝的主要裝飾技法，起源自奈良時代。「蒔」乃中國古漢字，其為撒之意。由於蒔繪在胎體的表面髹塗一層漆後即開始以粉料推高，故有明清時期的人物讚揚其「質輕如紙」[6]的特性。反過來說，當時蒔繪的漆器較不耐刮傷與磨損，受到外在天候的影響時，圖案也可能變形。

　　漆藝千華競放，這股風潮隨著先民過海來臺也傳至臺灣。初期，漆藝缺乏高度精緻的技術，漆器多是家具、神像、器物的塗飾。臺灣的漆樹及漆藝引進自日本時期，發展的歷史雖較短，卻因此得以迅速吸收其他地區已成熟的技術：融合了日本的蒔繪、韓國的螺鈿、北京的剔

---

[5] 杜正勝（2002）。《清宮蒔繪：院藏日本漆器特展》。臺北市：國立故宮博物院。頁 9-10。

[6] 明萬曆年間的名士高濂提到：「但可取玩一時，恐久則膠漆力脫，或匣有潤燥伸縮，似不可傳，寧取雕刻，傳摩可久」參考資料同註 5，頁 9-10。

紅、福州的脫胎與越南的蛋殼貼附磨漆等各家所長，進而發展出臺灣獨特的漆藝樣貌。

日本蒔繪在中國獲得迴響，爾後傳至臺灣，藉由王清霜家族的作品與推廣，蒔繪技法在臺灣漆藝佔有十分重要的地位。

二、臺灣漆藝發展

日系漆藝引進臺灣，日本藝師山中公功不可沒。山中公精於漆藝，東京美術學校漆工科畢業，師從蒔繪漆藝家白山松哉，創立私立臺中工藝學校。山中公於臺中開設「山中工藝美術漆器製造所」，生產的漆器製品別具一格，有「蓬萊塗漆器」之名[7]。此間，山中公培育出未來一代臺灣的漆藝專家，如王清霜、陳火慶與賴高山，是臺灣漆藝的重要代表者。

臺灣光復後，漆器業在工業浪潮裡浮沉，與低廉、快捷的工業產品競爭，漆器生產廠及漆工學校相繼關閉，漆器業隨之沒落。所幸，民國六十年至八十年，大

---

[7] 王壽來總編輯（2010）。《頂真‧巧藝：漆藝大師王清霜85回顧暨薪傳展》。臺中市：文建會文化資產總管理籌備處。頁30。

量漆器外銷，短暫開創出臺灣漆器產業的輝煌時期[8]。期間，臺灣漆工並沒有停下研究的腳步，民國七十年末，美研漆器工藝社研製出塑膠胎漆器，使生產更加快速便捷[9]。

漆藝文化日漸式微，直到 1986 年陳火慶先生獲得民族藝術薪傳獎，技藝傳承露出的一道曙光。[10]同時期，王清霜更以蒔繪技法，造創許多絢麗典雅的漆藝作品，使工藝與美學結合，轉向一個藝術的新高度。他既是務實生產者，亦是擁有厚實美學涵養的漆畫家，致力於推廣「藝術生活化，生活藝術化」的理念，引領社會大眾進入美的世界，提昇精神生活的層次。

清霜先生一生奉獻於漆藝的授藝與傳藝，是臺灣傳統漆藝文化與技藝的重要保存者，也是他將含苞待放的臺灣漆藝，灌溉成繁花盛錦的藝術殿堂。臺灣漆藝的發展，可說是因為王清霜的奉獻，變得愈加璀璨耀眼。

---

[8] 同註 2，頁 11。
[9] 同註 2，頁 11。
[10] 同註 7，頁 34。

貳　漆・師——習藝過程與大師之道

　　王清霜 1922 年出生於臺中神岡，幼年練有一手好書法，更以優異成績畢業於臺中工藝專科學校漆工科，由恩師山中公引薦至日本東京美術學校進修，從此踏上這條彷彿上天早已安排好的漆藝人生。

　　時值二戰，赴日一趟不易，王清霜為求更深的漆藝技術，善用僅有的課餘時間奔波求藝。以在臺奠定的書法技巧，獲得日本人間國寶——河面冬山賞識，就此訓練其書法運筆轉為漆繪創作，奠定了厚實的蒔繪運筆基礎，日後受教於和田三造、羽野禎三、黑岩淡哉等多位名家，從旁學習漆藝、繪畫與雕塑，紮紮實實的傳承了日本傳統工藝——「蒔繪」的精髓與技法。王清霜留在漆畫上「清三」的署名，正是他在日本留學時所用的名字。

　　臺灣光復後，他受聘於新竹漆器工廠，負責當時的產品設計、管理與技術指導，當時臺灣經濟蕭條，一度斷了工廠工作，卻也因此啟發了創業之路。一方面致力於創作盤、盒等生活化的漆器，一方面受邀於臺灣工藝之父顏水龍，兩人攜手推動南投在地工藝，踏進漆藝傳承與工藝產業的動脈，投合的行事風格與豐富的產業經驗，使工藝技術的推動相當成功，更為臺灣工藝結合美學與產業奠定創作磐石，為世人有目共睹。王清霜透過教學、傳習，毫不保留地貢獻所知所學，為臺灣漆藝工藝扎根任務，恪盡心力，貢獻闕偉。

　　王清霜辭退公務後，重拾創業理想，致力於漆藝產品的創新、設計、開發，實踐「生活工藝」的理念，全神貫注於「美研工藝公司」，讓漆器能融入消費者的日常用品。王清霜以尿素成型技術，用油壓機製造胎體，木胎改為硬質塑膠體，器皿的塗料嘗試多元化，如以腰果漆或生漆製作，亦結合網版印刷，使美研工藝成為今日產業經營成功的典範，更說明王清霜多才多藝的創作能力。

　　迎來古稀之年，他重新拾起創作的精華歲月，將白

手起家的美研工藝公司交棒給兒子，專注於心之所向，投入一生最愛的藝術創作。以渾厚的雕刻技法，堆砌出高蒔繪的立體雅緻；以精巧的塗繪手法，勾勒出平蒔繪的靈魂；以大器的推磨，映出研出蒔繪的生動意境。這些年，王清霜的新作不斷，作品多重於蒔繪技法的漆畫，先後完成〈天人合一〉、〈避邪〉、〈佇聆孔雀〉、〈玉山〉等舉世之作。

　　一生習藝、授藝使他深刻體悟：「學習如果不夠深不夠廣，便缺乏器度，在工藝這條路上能不能走得長久、技藝可發揮到什麼程度，器度是一大關鍵。」[11]漆工藝不只是技術或器物製作，兼具藝術與文化深度才能提升鑑賞層次。

　　王清霜的漆藝技法創新豐富，同時也承襲了漆工藝的經典。創作手法精細講究，筆筆絲絲入扣，傳承河面冬山的蒔繪精髓，以平蒔繪、高蒔繪、研出蒔繪等多種技巧，融合貝殼、蛋殼等素材，成就他豐富精采的漆藝生涯。自然界的山水花木、生動的獅獸禽鳥，經歲月的

---

[11] 美研漆藝工坊(2018)。《蒔繪・王清霜：漆藝大師的綺麗人生》。臺中市：文化部資產局。頁17。

反覆淬鍊與描繪，每每體現主題的生命力。這位國寶級的漆藝大師，從傳統的日本工藝跳脫，用漆筆震撼了世人的目光，描繪出凜人的器度與高度，使漆工藝的風華得以薰陶後代，薪火相傳，成為臺灣永垂不朽的重要傳統漆工藝文化保存者。

參　漆‧藝──漆藝美學與創作理念

　　王清霜家族的工藝美學與創作理念與生活息息相關。生活中的一景、一物常常是王清霜畫作的題材，他常說沒有看過的東西他不會畫。[12]這裡所述之「看」，並非單純指觀察事物的表面，而是用心感受其內在本質，透過所學之漆藝專業與設計，再予以呈現。過程中王清霜及子孫將所見，透過線條、構圖、材質、色彩、技術，結合思想與情感，去蕪存菁，昇華作品與欣賞意境，呈現令人賞心悅目且具實用性的漆工藝創作，如手稿記載：

> 「創作與創意表達作者的心靈人格，所謂藝術風格，實為寶貴重要，必須隨各方面的修養、增長以及長期的藝術實踐而逐步獲得，以構成與表達成作者的心意。創作，離不開生活的源泉，需從日常的日積月累積成結果，應實踐多方的生活體驗、大量

---

[12] 王清霜（2017）。《人間國寶：王清霜漆藝特展》。臺中市：大墩文化中心。頁 26-27。

　　吸收知識和不斷的思索於每一接觸的事物，都有另
　一種新的感受，使有情感、思想、活躍，則能得到
　創作的啟發，發揮自身的特性使存在專屬的藝術價
　值。」[13]

　　王清霜字字珠璣，引領我們窺探這位漆藝大師一生
的創作理念。藝術是人類文化的瑰寶，亦是一條無止境
的路，藝術創作者皆需多方探索，大量的吸收知識、不
斷的思考，堅持追求創新之目標，方能表達內在情感，
挖掘潛藏的藝術之寶，奠定自我專屬的藝術價值。

　　漆器，是經過千百年來從藝術文化到生活態度，多
面向的積累與反覆淬礪的技藝，是創作者高度專注、不
斷惕勵的成果；文化，是生活態度、方式之累積；藝術，
則是人知識、情感、意念等心理活動的產物，是生活中
人、事、物相互關係的綜合與沉澱。藝術品將生活中的
內涵加以傳遞，透過工藝、藝術與生活的結合，引領社
會大眾進入美的世界，工藝品因生活所需，亦豐富了生
活，兩者相輔相成。誠如王清霜所言：

---

[13] 王清霜手稿（10/18）。同註 11，頁 66。

「漆器工藝以實用為主目的，裝飾為輔；裝飾安附
於漆器上，應要受實用功能的制約；而純漆畫，屬
獨立審美的對象，不受任何功能制約，二項於實用
性與欣賞性，即謂『實用工藝』與『工藝美術』。因
近代運用科學技術、新材料，讓現代藝術突破了傳
統藝術的規律，新技法使藝術多元無比，亦把材料
和藝術提升到獨立審美價值的地位。」[14]

　　早年師從河面冬山的經驗，令他習得正統蒔繪技法
的細膩與繁華之美；而私立臺中工藝學校制度化的教
育，則深深影響王清霜的創作觀──是蒔繪的實用性，
讓漆器走進更多人的生活。此外，與顏水龍共事之經驗，
促使他更致力於加強漆器的大量生產，並兼具實用與美
學細節，維持品質的一致性，提昇臺灣居民的生活美
學[15]，如日本民藝大師──柳宗悅所說：「大量製作能成
就完全成熟的技術」。[16]而回鄉成立美研工藝公司為其初

---

[14] 同註 11，頁 16。
[15] 黃志農（2013）。〈王清霜無悔的漆藝人生〉。收錄於《傳藝》第 107
　　期。宜蘭縣：國立傳統藝術中心。頁 96。
[16] 同註 11，頁 47。
　　參考柳宗悅在《工藝之道：日本百年生活美學之濫觴》〈正確的工
　　藝〉一節中特別標舉了美與量的觀念。「任何工藝都需要技術，若

衷，期待將「藝術生活化，生活藝術化」，由傳統漆器工藝走向現代漆器工藝的領域，唯有經過大量的生產，才能降低漆器的成本，使更多人能接受並使用它，王清霜考量到工藝品之最終目的，不應該只限於藝術層次上的追求，而是要能真正的將它落實於日常生活中。

　　王清霜是臺灣最早開始接受正統學院漆工藝訓練的人之一，同時亦是在臺創業，擁有工藝品牌的先鋒。而對於「工藝」，他在名為〈現代工藝本質〉的一篇筆記中提到：

> 「工藝本質即期望現代生活帶有「美」的機能的感覺，並確立未來的生活更充滿生活造型的目標。工藝在美術圈內追求現代美極為需要，但過於走上一般造形（按：應為型）美術，而視為主張個人表現主義則與生活脫離需求，故應極力避免，欲與生活上共通調和，提高生活美好工藝品。

不透過大量製作便無法熟練技術，更何況是超越技術所達到的自由，必須仰賴反覆執行，揮灑汗水才能得到⋯⋯少量製作就算是技巧之作卻不可能是技術之作，甚至那只是因欠缺技術而已技巧掩蓋的作為。技巧的美是人為的，但技術的美是自然的。」

⊙漆畫藝術，衝出了工藝的範圍，以獨立一種面貌做為一個獨立畫種體系來研究發展。

⊙漆藝的神祕感來自材料與工藝的特藝（全然的結合、磨顯神奇、陸離異妙、富麗華美）。

⊙變塗瀟灑流動，螺鈿五彩斑斕。技法嫻熟運用材質的美感，製作精良，深沉製造。[17]

他的理念是：工藝愈是傳統，從事工藝的人愈要見識廣博，如此才能走得長遠[18]，故其創作並非單一師承一派，而是融合了臺灣的傳統文化與從日本習得的蒔繪漆藝技法，作品細膩寫實、技巧卓越，所呈現出來的不單純只有技術層次，更表現出了豐富的藝術內涵與生命力，尤以其所創造之境界最為人所稱道。

總的來說，王清霜家族在漆藝與美術方面的貢獻，有明顯的兩面性：既是重視效率、堅持以科學的手段打造漆器的務實生產者，亦是以厚實的工藝基礎及美學涵養，在創作中將最繁複的蒔繪技法表現得絢麗典雅，創

---

[17] 同註11，頁236。

[18] 同註11，頁238。

作出令人讚嘆不已之作品的漆畫家，落實其「藝術生活
化，生活藝術化」之理念[19]。

---

[19] 黃齡瑩（2011）。〈漆藝的美感生活──王清霜、王麗華、王賢民、
王賢志創作展〉。收錄於《傳藝》第 93 期。宜蘭縣：國立臺灣傳統
藝術總處籌備處。頁 101。

肆　漆‧質──材質與工具

　　王清霜家族蒔繪的特色是光影色彩的設造，此有賴於他對材質特性與工具技巧的嫻熟運用。將透明琥珀色的生漆，加上各色粉料，調製成種種顏色的色漆，且藉由蒔繪粉料顏色的些微差異，製造光影變化，使作品更為立體、栩栩如生，成就精巧細膩的蒔繪工藝，創造千變萬化的漆藝作品。

一、主要材料

(一)漆、色粉

　　漆是有質地、有厚度的材料，依照作品需求和藝師技法，可使漆呈現厚重感或輕盈感。王清霜及子孫擅長用漆強化作品「質性」，根據不同的用途來使用不同的漆，而他的漆料多數來自親手調配，這也使得他的作品有獨特品味。他常使用生漆為打底以及拭漆推光之用；黑漆、透漆、色漆因有無添加「油」之差別，而有不同

用處，無油漆多使用在罩漆、研磨用漆方面，有油漆則多為不研磨的面漆。[20]在色漆取得不易的時代，甚至今日已屆高齡，他仍會自行研磨色漆[21]，使用色粉調色，以得到理想中的顏色。為了使作品呈現更好的效果，王清霜也常不惜花費，在調製色漆時使用昂貴礦物，如銀朱、石黃、鈦白、鈦青藍、鈦青綠等色粉[22]。以下是王清霜自製色漆的過程。

作法：

1. 取比例為 6：4（漆：色粉）的透漆與色粉，並先將漆取至缽中。
2. 逐次少量地將透漆與色粉分別倒入缽中，且將其充分攪拌與研磨，使色粉的顆粒融於漆中，調勻漆與色粉。
3. 最後倒入剩下的透漆，稍作研磨，並用刮刀充分攪拌，再加上樟腦油，將色漆調整至所需的稠度。
4. 在調製完成後，仍須使用吉野紙濾漆，色漆才算是完成。

---

[20] 同註 11，頁 179。
[21] 同註 11，頁 172。
[22] 黃麗淑（2010）。《千文萬華：繽紛的漆藝世界》。高雄市：高市史博館。頁 21。

(二)粉料

粉料的運用在「蒔繪」中佔據極其重要的地位，王清霜家族在蒔粉之際，會考量到不同粉料之特性，如利用丸金、金箔、金粉、珍珠粉，將其運用在適當之處，表現出不同層次、色彩，並塑造視覺上的空間效果。丸粉、消粉因顆粒大小一致且有顏色差異，有丸金、青金、丸銀之分，他主要作為圖案飾粉使用；片狀粉則較常用在漆底板裝飾，如平目粉、梨子地粉等；而乾漆粉雖切面較不工整，但王清霜亦會將其做號數大小之區別，以便運用[23]。近年來粉料來源多元，王清霜與子孫亦會使用白金粉料。

早年經濟匱乏，在材料缺乏的困境中，購買日本金銀粉並非易事，他會自購金塊，並用銼刀銼成金粉，而像是常用材料之乾漆粉，王清霜甚至會因地制宜，突破限制，自行製作，以下為王清霜自製乾粉漆之過程[24]。作法：

---

[23] 翁徐得總編輯（2001）。《王清霜漆藝創作 80 回顧》。南投縣：國立臺灣工藝研究所。頁 31。
[24] 同註 11，頁 188。

1. 將漆均勻塗在整片玻璃板上，重複數次，使漆有一定厚度。

2. 待漆乾透後，使用鐵刮刀將漆片刮下。

3. 將漆片撕成小塊，並搗碎研磨。

4. 使用多層不同的網目過篩，將乾漆粉分成不同號數。

(三)蛋殼、貝殼

為鑲嵌貼付常見材料。王清霜會親手切割貝殼、壓碎蛋殼並依形狀、大小分類，使素材能更為貼合作品。

他所使用的貝殼，多為河蚌、海螺蚌(鮑魚貝、珍珠貝、夜光螺)，因種類不同，閃爍青黃赤白等螢光，視畫面設計需要來選材。蛋殼貼付的部分，依顏色有白、黃、灰藍之別，且不同部位裂片形狀亦不相同，如尖端及底部呈現放射狀，中間則成平行塊狀。此外，他還會將蛋殼內面塗黑，以方便辨識正反面，避免誤貼的情形。[25]

貝殼與蛋殼不同於漆與粉料的質地，點綴貼付於畫面，塑造虛實掩映的效果，亦增加王家作品的豐富度。

---

[25] 陳秀義總編輯(2002)。《漆藝之美：南投縣現代漆藝》。南投市：投縣文化局。頁10-11。

(四)研炭、各號砂紙[26]

研磨過程辛苦，失敗率高，考驗藝師的功夫與耐心。王清霜及子孫會配合所需研磨之物，將研炭切成不同形狀，局部削磨表面；在大面積整平時，則用砂紙來研磨。

不同的漆與粉料，研磨出來的效果各異。圖案的研磨尤其重要，可使色漆之間不會有明顯分隔，顯得自然，但要維持其均勻完整有一定難度，故王清霜對髹漆研磨有極高要求。他認為作品不僅能夠遠觀，更要禁得起細看，只要一點點細節沒有處理好，就捲土重來。因此王家創作速度緩慢，所耗工時與體力，經常長達數月或年以上。

(五)黃土粉、呂色粉[27]

黃土粉可作為高蒔繪堆高的材料，亦可用來研磨。王清霜家人常使用 300 目的篩網過篩黃土粉，並加之沙拉油，完成推磨用料。再用呂色粉加麻油，作為推光用料，並以指腹推亮，為作品畫龍點睛。

---

[26] 同註 22，頁 23。
[27] 同註 11，頁 191。

二、主要工具[28]

(一)筆類

1.面相筆、平筆

在拓稿的時候，王清霜及家人常使用面相筆來畫線條，若為面積較大的圖案，則以平筆來繪製，使接觸畫面所留下的筆觸較少。

2.髮刷

他在髹塗作品時，常以髮刷作為主要的工具，根據不同的面積大小使用不同尺寸的髮刷。

3.蒔繪筆

可以筆毛的柔軟程度區分為：黃軸(毛較軟)、黑軸(適中)以及紅軸(毛較硬)。王清霜在勾勒線條時，常使用筆毛較硬的紅軸或較為適中的黑軸，而較軟的黃軸則用來畫圈。

4.掃粉筆

在使用粉筒蒔粉後，若不慎落於圖案外，他常用掃粉筆將粉料掃入。且王清霜必挑選不容易掉毛之筆。

---

[28] 同註11，頁165-166。

蒔　繪　工　具	

圖 4-1 各式蒔繪用筆	圖 4-2 各式蒔繪用筆

(二)刀　類

1.雕刀

在使用戧金技法時，王清霜常使用平刀、圓口刀、斜口刀以及三角刀等各式雕刻刀，來雕刻花紋、線條，其刀工純熟，在創作作品時能依刀具之不同，刻畫出線條的粗細，抑揚頓挫。

2.銼刀、刮刀[29]

為用來協助製作材料之工具，王家常使用銼刀將金塊銼成想要的大小，而他亦常運用刮刀來取

---

[29] 同註 22，頁 22。

漆、調漆灰、刮平漆灰或調製色漆與製作乾漆粉。

(三)其他

1.蒔繪筆洗

因蒔繪筆毛珍貴，王清霜在選擇洗筆用具時，會以不刮傷筆毛為考量。

2.粉筒

粉筒由筒桿與網目所組成，筒桿有粗有細，依粉料顆粒大小的不同來選擇相應號數的篩網網目。為避免粉筒產生靜電反應，導致粉料吸附於粉筒上，王清霜與子孫常選擇以竹管或蘆葦管製成的粉筒。

3.蔭箱

蔭箱應擺放於陰涼處，室內溫度不要超過 30 度為佳。通常有分上下層，下層會放水盤及溫度計。王清霜家族在蒔繪後會先將作品放置上層，防止灰塵沾染並陰乾，後移至下層待全乾。

伍　漆‧技──王清霜家族的漆藝技術保存

王清霜的漆藝大多師承日本系統，尤其專精於「蒔繪」，爾後融合中國的漆藝系統，如福州的「脫胎」技法等，吸收各國成熟的漆藝技術，進而發展出獨樹一幟的漆藝。在王清霜及子孫的作品中，不論是前期的器皿作品，亦或是後期漆畫作品，之中皆可以看見許多結合「蒔繪」與其他技法之應用。

一、工序工法

「蒔繪」是漆工藝中重要的加飾技法之一，其原理為：藉由漆的黏性，將金銀粉末固定在漆器表面。而在「蒔繪」之前，首先要做即是製作胎體，他最常使用的為木胎，較少數為果皮胎；且胎體亦有「加固」與否之區別，以黃土粉加生漆做漆灰為加固之用，若不加固，則直接製作胎體表面，並視需求進行下塗、中塗或上塗。

而後於漆面描繪圖樣，且根據漆與粉料不同的特性，撒上質地不同的粉粒，並精確掌握漆量與運筆、蒔粉時間點，以及蒔粉的疏密，再進行研磨推光[30]。

以下為王清霜家族製作漆器的工序工法：

(一)木製胎體

步驟：整修胎體→固胎→貼布→整修磨平→補塗→磨平→刮粗灰→研磨→刮中灰→研磨→刮細灰→研磨→下塗→研磨→中塗→研磨→上塗→研磨→推光。

(二)蒔繪工序

在「蒔繪」中包含多種技法，如平蒔繪、研出蒔繪、高蒔繪、墨畫蒔繪、木地蒔繪等[31]。蒔繪基本步驟為轉寫圖稿→拓稿→蒔粉顯影→調漆→筆沾滿漆→運筆描邊→漆繪→轉動漆板→蒔粉→自製金粉。

---

[30] 同註11，頁164。

[31] 林嘉鎮總編輯（2013）。《王清霜漆藝薪傳聯展在豐原》。臺中市：中市豐原區公所。頁7-9。

蒔　繪　工　序

圖 4-3 轉寫圖稿

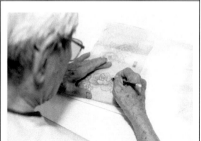

圖 4-4 拓稿

圖 4-5 蒔粉顯影

圖 4-6 調漆

圖 4-7 蒔繪筆沾漆

圖 4-8 運筆描邊

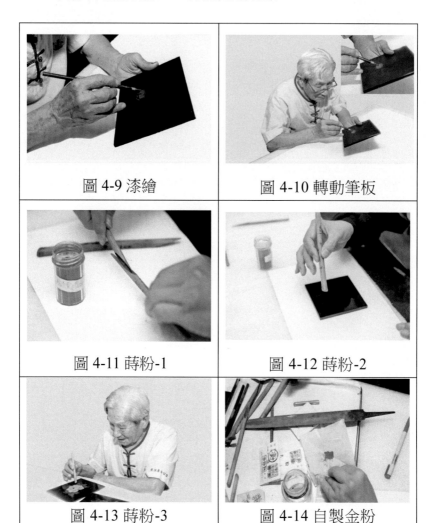

圖 4-9 漆繪　　　　圖 4-10 轉動筆板

圖 4-11 蒔粉-1　　　圖 4-12 蒔粉-2

圖 4-13 蒔粉-3　　　圖 4-14 自製金粉

圖 4-15 自製乾漆粉-1　　圖 4-16 自製乾漆粉-2

圖 4-17 自製乾漆粉-3　　圖 4-18 自製乾漆粉-4

圖 4-19 濾漆-1　　圖 4-20 濾漆-2

而以下是王清霜對蒔繪技法進一步的掌握：

1.平蒔繪[32]

為講究構圖色彩、光影的技法，「文略高於質」[33]為其特點。王清霜家族在完成色漆描繪的漆面上，敷以色粉、金粉或銀粉，使其描繪的圖紋稍微高凸於表面[34]。因不再經過修飾，平蒔繪的重點為漆繪線條的流暢與平整度，王清霜尤其注重手繪的掌控力道。步驟為以燒漆層拓稿→色漆過濾→描繪（先描輪廓，再填色，儘量使漆面平整不留筆痕）→八、九分乾時灑粉→為求立體感，可以色粉、金粉、銀粉來區分，也可以漆層厚薄來表現→揩漆固粉完成。

相關作品：〈豐收〉、〈晨曦〉、〈草鞋墩風光〉。

---

[32] 林正儀(2010)。《沒有彎路的人生－王清霜的漆藝生命史》。南投縣：國立臺灣工藝研究發展中心。頁 39。

[33] 同註 25，頁 33。

[34] 陳慶芳（2002）。《彰化藝文》。彰化縣：彰化縣文化局。頁 18。

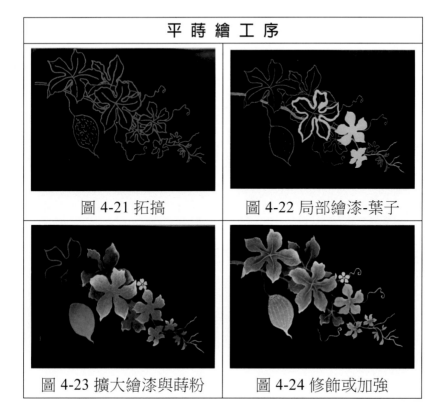

平 蒔 繪 工 序

圖 4-21 拓搞	圖 4-22 局部繪漆-葉子
圖 4-23 擴大繪漆與蒔粉	圖 4-24 修飾或加強

2.研出蒔繪[35]

　　為平脫法,「文與質齊平」[36]為其特點。王家通常先於中塗漆面上彩繪,待撒上金、銀丸粉或其他金屬粒粉、乾漆粉乾後,再進行整體髹塗研磨推光。經研磨後的花

---

[35] 同註 32,頁 40。

[36] 同註 23,頁 33。

紋鮮明，與漆面是平滑一致的。誠如王清霜所陳：「單直言，塗漆正面時描花紋即撒金銀粉的紋飾上，漆乾後表面研磨平滑即是稱為研出蒔繪」。[37]步驟為拓稿→漆繪→撒粉→固粉→全面髹漆→研磨→推光。

相關作品：〈清香〉、〈九九峰〉、〈佇聆孔雀〉。

研出蒔繪工序	
 圖 4-25 拓搞後繪漆	 圖 4-26 蒔粉
圖 4-27 擴大繪漆與蒔色乾	圖 4-28 固粉、上色漆

---

[37] 時間似乎稍晚，在平安時代才出現。參考資料同註 11，頁 162。

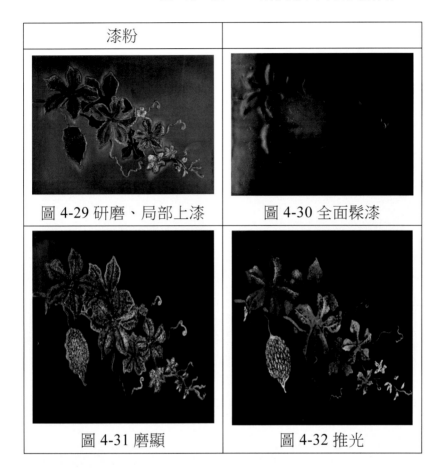

漆粉	
圖 4-29 研磨、局部上漆	圖 4-30 全面髹漆
圖 4-31 磨顯	圖 4-32 推光

3.高蒔繪[38]

　　屬蒔繪最高技法，「文高於質」[39]為其特點。王清霜
家族的高蒔繪常以碳粉層層堆高至所要的高度，或將漆

---

[38]　同註 11，頁 162。

[39]　同註 25，頁 8。

直接塗厚，亦或以漆灰來推高，其作品帶有立體浮雕的效果，故需有良好的雕塑基礎。步驟為拓稿→漆繪→撒炭粉→固粉→研磨→重推至需要高度→繪黑漆→研磨後接續工序與平蒔繪相同。

相關作品：〈玉山〉、〈月下美人〉、〈避邪〉。

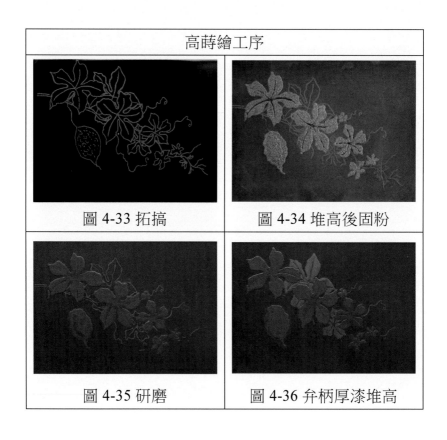

| 高蒔繪工序 |
| 圖 4-33 拓搞 |
| 圖 4-34 堆高後固粉 |
| 圖 4-35 研磨 |
| 圖 4-36 弁柄厚漆堆高 |

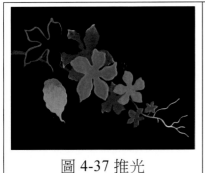 

| 圖 4-37 推光 | 圖 4-38 上色蒔粉 |

(三)傳統漆藝工序

1.脫　　胎（夾紵）[40]

王家所使用的脫胎技法，始於戰國，盛於兩晉，他繼承古法，先將土與灰泥混合以製成內胎，再覆以麻布和漆。[41]他利用漆與麻布的交互重疊，使其有一定厚度，待乾固後，他將內胎去除，留下外部的漆布結合體，運用脫胎讓漆器變得更加輕巧與堅韌。

相關作品：〈扶桑〉。

---

[40] 同註 32，頁 38。

[41] 陳頌欣（2016）。〈臺灣漆工藝時光載體　美研漆藝〉。收錄於《La Vie》第 146 期。臺北市：城邦文化事業股份有限公司。頁 167。

2.戧　金[42]

王清霜家族的「戧金」技法，是在漆上淺刻繪鈎紋
飾，並在刻痕內填漆後，貼上金箔或泥金粉，使所刻畫
的花紋皆呈金色，此為日人所稱之「沈金」，此技法約為
元代時傳入日本(室町時代)。[43]起源可追溯至戰國時期的
針刻技法。工藝家既能駕馭古法，更由中創新，研發出
更適合當代創作的自家手法。步驟為拓稿→雕刻→擦拭
→填漆→擦拭→貼金箔或撒金粉→整修。
相關作品：〈木棉花〉。

3.鑲嵌貼付

鑲嵌貼付技法，又可依嵌貼材質種類區分，而螺鈿
與蛋殼為王清霜家族最常使用之材質。

(1)螺鈿貼付[44]

螺鈿貼付常見於家具裝飾，是一種用貝殼做裝飾的
漆藝技法，王家常使用骨膠將螺鈿貼付於圖樣上，再以
小熨斗燙平，毛筆沾熱水拭去周邊多餘的骨膠，若螺鈿
與漆面有空隙則以生漆固定。鑲貝完成後，整體髹佈上

---

[42] 同註 32，頁 40。
[43] 同註 33，頁 19。
[44] 同註 25，頁 10-11。

塗漆數次,最後研磨、推光。[45]步驟為摹稿→切刻→貼付
→擦漆→固定→髹漆→研磨→擦漆、推光。

相關作品:〈晨曦〉、〈水果柿〉、〈九九峰〉。

(2)蛋殼貼付[46]

　　王家擅長將內膜剔除乾淨的蛋殼壓碎,藉由蛋殼碎
片的大小、形狀、顏色、排列的疏密度,構成豐富變化
的層次,並彌補天然漆和銀粉難以呈現白色的限制[47],又
可以產生自然的紋路。因此臺灣漆藝界普遍使用蛋殼貼
付取得白色效果。步驟為拓稿→貼付→上稀釋生漆→整
理輪廓→髹漆→以刀片輕輕刮取蛋殼上之漆膜,存縫隙
間的填料→研磨→擦漆、推光。

相關作品:〈晨曦〉、〈宏村古色〉、〈佇聆孔雀〉。

4.罩　明[48]

　　他利用熟漆宛如琥珀般半透明的色調[49],覆蓋於裝飾
花紋或金銀箔粉上,藉以呈現作品神秘氛圍,且有層次

45　同註 23,頁 35。
46　同註 25,頁 11-12。
47　同註 33,頁 17。
48　同註 32,頁 39。
49　同註 33,頁 18。

感之作。步驟為中塗漆板（黑、紅或黃色）彩繪→貼箔
（或撒梨子粉）→生漆擦箔（一般罩漆在金，銀箔上密
著度皆不好，此工序可增加其密著度）→髹漆透度好的
透漆→研磨推光（如須層次可為兩次或三次）。
相關作品：〈鵪鶉〉。

5.彰　　髹(變塗)[50]

　　王清霜家族利用工具或是使漆產生變化，進而讓漆
面形成凹凸，再填以色漆，研磨形成變化多端之紋飾與
色澤的技法。亦稱犀皮、西皮、菠蘿漆、變塗等。王清
霜取材於自然，以常見的雲紋、水紋、鱗紋、斑紋、團
花等為效仿對象，有時或以布團黏稠漆拍打成抽象圖案。
相關作品：〈木紋漆盤〉。

二、王清霜家族的漆藝特色

　　身為漆藝大師的王清霜及家人，對臺灣漆藝之貢獻
自是不勝枚舉，蒔繪技法的獨到之處與全心全意推廣漆
技藝，讓臺灣的漆藝更加成熟，重要貢獻更是獲得各方
肯定。

---

[50] 同註32，頁41。

王清霜藝師工藝獎項表[51]

年份	獎項
1997 年	漆畫作品〈辟邪〉，獲日本明治神宮「漆之美展」特別獎[52]
1999 年	第七屆中華文化藝術薪傳獎（民俗工藝類）
2007 年	第一屆國家工藝成就獎
2009 年	南投縣傳統藝術「漆工藝」保存者
2010 年	行政院文化建設委員會指定為國家重要傳統工藝美術文化資產保存者（人間國寶）
2014 年	第三屆國家文化資產保存獎（保存傳承類）
2016 年	總統府二等景星勳章

　　除了上述精進工序工法，引造獨門漆藝學派，雖然今日從事漆藝創作者不勝枚舉，各有所長，然王清霜家族的蒔繪有其獨到之處[53]：

(一)弁柄漆蔭稿

　　早期的拓稿並非如現今使用轉寫紙那般便利，須使

---

[51] 同註 12，頁 31。
[52] 同註 32，頁 33。
[53] 同註 12，頁 176-189。

用傳統的弁柄漆蔭稿才能完成拓稿，而其工序之複雜與所需工具之多，仰賴藝師的耐心與毅力，才得以順利完成，而王清霜自習藝至今，仍使用這項傳統技藝創作。以下為他習用弁柄漆蔭稿之過程。

作法：

1. 先將弁柄漆放到鐵湯杓內，並將其燒至 70 度左右。
2. 將製好的燒生漆與弁柄漆混勻，並以吉野紙過濾。
3. 以鉛筆先畫描圖紙之粗面，作為初稿，再以蒔繪筆沾弁柄漆，將紙翻面並延鉛筆初稿描繪。此處須特別注意上漆要由左而右，手才不會沾到。
4. 待弁柄漆的線條繪製完畢後，須先在紙面上蔭一次，才不會沾留太多漆。而一次的弁柄漆稿，通常可重複拓印三次左右。
5. 將弁柄漆稿對應好漆板位置後，使用刮刀輕刮過一遍，將拓稿紙拿起，再以鋁粉或銀粉描邊作顯影。

(二)力道與漆量

漆繪時下筆力道與漆量影響作品，王清霜及子孫使用蒔繪專用筆畫直線條，遒勁有力，彎曲線條筆則柔婉；在漆量的控制，王清霜為求漆面平整，每次下筆厚薄都

需一致，厚度約控制在 0.25mm 至 0.3mm 間，他亦會視需要而厚塗或薄刷。有時王清霜會以手代筆，薄敷輕拍，使力道與漆量恰到好處。在圖樣設計時，他必留「水線」，透過留白，使畫面更為立體。

(三)蒔粉重輕巧

王清霜及家人將粉料撒在圖案上，以添絢爛，此時主要會用到粉料、粉筒與掃粉筆。而為了避免不同粉料顏色相互干擾，通常使用數個粉筒或掃粉筆來區別。以下為他蒔粉的過程。

作法：

1. 將粉料裝進粉筒時，下置一張乾淨的紙，以回收多餘的粉料。當更換不同顏色或材料的粉料時，都須換紙，才能確保材料或畫面乾淨。

2. 蒔粉時要注意以大拇指與食指夾住粉筒，並以中指第一關節拍打粉筒。(對齊)

3. 視粉料的不同，所需塗漆厚薄不同，如蒔乾漆粉時，漆可稍厚，並可隨即蒔粉；但蒔消金粉及丸漆粉時，漆量要薄，需待漆約 9 分乾之時。

4. 粉有粗細之分，王清霜會先撒粗顆粒，再撒細顆粒，並在必要時更換粉筒與掃粉筆。

5. 為確保無疊粉情況發生，會稍作輕拍。

6.粉料若撒在圖案外，慢慢用掃粉筆從邊緣處掃入圖
　案內，掃粉筆在掃粉過程中不能沾到漆，以免破壞
　畫面。

7.蒔粉後待乾，使用稀釋生漆以固粉。

(四)固粉求平整

　為避免粉與粉間的間隙產生鬆動，採用加入稀釋劑
的生漆作為滲透媒介，讓生漆得以填補粉隙間。固粉的
生漆過多時，他亦使用報紙將多餘的勻掉，以維持蒔粉
面完整。

(五)網版漆套色[54]

　早期漆器以手繪方式製作，此種生產方式速度緩
慢，不適合大量生產。王清霜家族為解決這一問題，進
而研發出網版套色印刷技術，若有需要再手工微幅修
飾。且員工也能自行製作網版圖，套色精準度相當高。
但漆料的黏稠或塗層厚薄掌握不易，需仰賴藝師經驗，
遑論有些圖樣在盒身曲面處，其難度更高。扎實的實務
經驗，讓他在從事大量生產創作時，活用所學，迎上時
代潮流。

---

[54] 同註12，頁47。

總　結

　　自日本時期引進漆樹以來，臺灣開始發展屬於自己的漆藝文化，經歷王清霜等人努力，使漆藝在臺灣深耕不輟。王清霜家族在近幾十年來，對漆藝的傳習、推廣盡心竭力，對臺灣漆藝保存有重要意義，此次「漆藝人間國寶・王清霜家族作品特展」匯集王家三代作品，首次一同展出，象徵臺灣漆藝傳統文化的薪傳綿延。

　　藉由本研究，回顧王清霜習藝、傳藝的一生，猶如臺灣漆藝發展的縮影，見證漆器產業在工業浪潮裡載浮載沉。面對時代的難題，王清霜家族三代堅持不懈地創作、鑽研，用美研工藝社的美觀實用的產品，實踐「藝術生活化，生活藝術化」的理念，讓世人知道工藝產業與美學並非相悖；以網版套色印刷來因應大量生產的需求，讓傳統工藝與現代技術結合，使漆器深入更多人的生活，提昇大眾的審美品味；將對漆藝的熱忱轉化為一件件的工藝品，促使傳統漆器工藝導向藝術領域，創造

出精巧繁複的作品；結合日本蒔繪技法與傳統漆藝技巧，輔以自身美學涵養，建立獨特的蒔繪美學風格，並藉由傳藝於子孫、藝生，形成臺灣超過一甲子以來的漆藝風貌。

　　這位國寶級的漆藝大師及子孫，將蘊藏千年歷史文化的漆藝，用漆筆描繪山水花木、鳥獸禽魚等自然美景，凝結瞬間的審美感動，刻劃他對土地的熱愛與關懷，在反覆髹飾、蒔粉、研磨的過程中，琢磨出凜人的器度與高度。因為他們的付出，成為臺灣不朽的重要傳統漆工藝文化保存者；也因他的薰陶和家族三代同心努力蒔繪漆藝，成就臺灣百年工藝家族。

柒　漆‧賞──王清霜家族作品選

　　王清霜家族蒔繪主要應用在民生用品與工藝品上，可分為器皿類、立體作品以及平面漆畫。

一、器皿類

圖 7-1：秋菊盒

1. 創作者：王清霜
2. 作品名稱：秋菊盒
3. 年代：2006
4. 尺寸：30*22*11 cm
5. 材料：木、天然漆、金箔、貝殼、九粉。
6. 技法：平蒔繪、鑲嵌
7. 說明：〈秋菊盒〉為木胎漆器。花、葉的部分，皆以平蒔繪技法來繪製，並撒上金銀粉，呈現立體效果；圖案以外的部分，運用罩明技法，使得背景更為自然，且具有層次感，凸顯出「菊」此一主題。
8. 收藏地點：美研漆藝工坊

圖 7-2：望（鵪鶉盒）

1. 創作者：王清霜
2. 作品名稱：望(鵪鶉盒)
3. 年代：2004
4. 尺寸：25*35*6 cm
5. 材料：木、天然漆、金銀粉。
6. 技法：高蒔繪
7. 說明：〈望〉此一作品，盒上所繪製之動物為鵪鶉，是
   臺灣常見的禽鳥。王清霜藉由長時間的觀察、寫生，
   以高蒔繪之技法，繪製出鵪鶉玲瓏之身形，將牠栩栩
   如生地再現於作品之中。
8. 收藏地點：美研漆藝工坊

圖 7-3：誠品年節餅盒

1. 創作者：王峻偉
2. 作品名稱：誠品年節餅盒
3. 年代：2015、2016
4. 尺寸：16*16*6 cm
5. 材料：腰果漆
6. 技法：網版印刷
7. 說明：連續兩年受誠品生活之委託，與知名書法家-
　　董陽孜老師合作推出年節福禮漆盒。
8. 收藏地點：美研漆藝工坊

圖 7-4：臺中市長伴手禮

（百事合心印章組）

1. 創作者：王峻偉製作、北科大陳志誠教授設計
2. 作品名稱：臺中市長伴手禮(百事合心印章組)
3. 年代：2018
4. 尺寸：8.5*14.5*3.5 cm
5. 材料：腰果漆
6. 技法：網版印刷
7. 說明：受國家文創禮品館之委託，替臺中市政府製作市長出訪之伴手禮。
8. 收藏地點：美研漆藝工坊(字體)

圖 7-5：果盤

1. 創作者：生駒宏
2. 作品名稱：果盤
3. 年代：不詳
4. 尺寸：24*32*5 cm
5. 材料：天然漆
6. 技法：塗裝
7. 說明：日本漆藝大師生駒宏家族贈品。
8. 收藏地點：美研漆藝工坊(字體)

圖 7-6：美研社產品

1. 創作者：創作者：美研工藝有限公司
2. 作品名稱：美研社產品
3. 年代：1970-1980
4. 尺寸：果盤高 3 cm、茶盤高 4 cm
5. 材料：腰果漆
6. 技法：網版印刷
7. 說明：說明：為美研工藝有限公司所製作之長銷商品，
　　所有圖案皆為人間國寶-王清霜親自設計繪製
8. 收藏地點：美研漆藝工坊(字體)

二、立體作品

圖 7-7：彤霞映梅

1. 創作者：王賢志
2. 作品名稱：彤霞映梅
3. 年代：2006
4. 尺寸：30*19*47 cm
5. 材料：天然漆、布、金粉、顏料、金箔。
6. 技法：脫胎、螺鈿鑲嵌、戧金
7. 說明：〈彤霞映梅〉之瓶身使用脫胎技法製成。晚霞染紅整個大地，滿山的梅花以鑲嵌與戧金技法，點綴於其上，增添了畫面美感。
8. 理念：南投多山也是梅的產地，黃昏霞光照染大地，滿山梅花海招來不畏寒冷的蜂兒。
9. 收藏地點：美研漆藝工坊

圖 7-8：競艷

1. 創作者：王賢民
2. 作品名稱：競艷
3. 年代：2012
4. 尺寸：20*20*60 cm
5. 材料：天然漆
6. 技法：脫胎、螺鈿鑲嵌、蛋殼貼附
7. 說明：以群聚的孔雀為題，利用漆工藝中的螺鈿鑲嵌、蛋殼貼附以及戧金技法，來呈現出孔雀華麗大氣的印象。
8. 收藏地點：美研漆藝工坊(字體)

圖 7-9：溪頭之春

1. 創作者：王賢民
2. 作品名稱：溪頭之春
3. 年代：2016
4. 尺寸：30*30*60 cm
5. 材料：天然漆
6. 技法：脫胎、戧金
7. 說明：南投縣的溪頭自然教育園區為散步放鬆時最常的去處。看著園區內參天林木，與在林間奔走嬉戲的松鼠，是讓人忘卻城市喧囂的美好時光。
8. 收藏地點：美研漆藝工坊

圖 7-10：高冠展翠

1. 創作者：王賢志
2. 作品名稱：高冠展翠
3. 年代：2011
4. 尺寸：徑 36*66 cm
5. 材料：布、天然漆、金箔、貝殼。
6. 技法：脫胎、螺鈿鑲嵌、平蒔繪
7. 說明：王賢志使用脫胎技法來製作瓶身，孔雀開屏的
   部分則以高蒔繪的技法來描繪，孔雀立於山石之上，
   尾羽披金戴翠，呈現出孔雀立體的生動姿態。
8. 收藏地點：美研漆藝工坊

圖 7-11：春曉

1. 創作者：王賢志
2. 作品名稱：春曉
3. 年代：2016
4. 尺寸：30*30*60 cm
5. 材料：天然漆
6. 技法：脫胎、罩漆磨顯、平蒔繪
7. 說明：梅花綻放滿枝頭，代表著冬季也漸漸的走到了尾聲。梅樹間穿梭飛舞的鳥兒們，預告了春天的腳步已在不遠處。
8. 收藏地點：美研漆藝工坊

圖 7-12：台灣風情

1. 創作者：王賢志

2. 作品名稱：台灣風情

3. 年代：2014

4. 尺寸：36*49*25 cm

5. 材料：天然漆

6. 技法：脫胎、罩漆磨顯、蛋殼貼附

7. 說明：台南，充滿了濃濃文化氣息的台灣古都。以代
   表台南市樹的鳳凰木和最著名的古蹟之一的赤崁樓，
   建構起作者心中這充滿了文化氣息的台南印象。

8. 收藏地點：美研漆藝工坊(字體)

圖 7-13：夏日荷風－戧金

1. 創作者：王峻偉
2. 作品名稱：夏日荷風-戧金
3. 年代：2014
4. 尺寸：46*46*45 cm
5. 材料：天然漆
6. 技法：脫胎、戧金
7. 說明：中興新村的正門口沿著道路的兩側是兩大片的荷花池，夏季時分沿途開滿了荷花吸引眾多的遊客駐足欣賞，伴隨著徐徐的涼風吹來，是夏天最吸引我的景點之一
8. 收藏地點：美研漆藝工坊(字體)

圖 7-14：舞

1. 創作者：王賢民
2. 作品名稱：舞
3. 年代：2017
4. 尺寸：徑 75*7 cm
5. 材料：天然漆
6. 技法：脫胎、戧金、螺鈿鑲嵌、蛋殼貼附
7. 說明：將國人喜愛的孔雀及牡丹作為創作主題，以意象性的表現手法搭配各種不同的漆工藝技法，來呈現出漆藝華麗細緻的一面。
8. 收藏地點：美研漆藝工坊

三、平面漆畫

圖 7-15：避邪

1. 創作者：王清霜

2. 作品名稱：避邪

3. 年代：1992

4. 尺寸：長 36*寬 30 cm

5. 材料：天然漆、乾漆粉、顏料、金粉、金箔

6. 技法：高蒔繪

7. 說明：〈避邪〉以劍獅為主題，運用黑、金與銀的色彩

對比，並以高蒔繪技法雕塑出立體效果，展現威嚴與神性。此作品獲得 1997 年日本明治紀念館「漆的美展」最高榮譽。

8. 理念：我口啣七星寶劍，目光炯炯，向世間的邪惡宣戰，八卦牌是我的後盾，蒼生的倚賴是我的支柱。憑著大無畏的勇氣，誓言打贏這場戰爭。

9. 收藏地點：美研漆藝工坊

圖 7-16：木棉花

1. 創作者：王清霜
2. 作品名稱：木棉花
3. 年代：1997
4. 尺寸：122(2 塊)*91 cm
5. 材料：天然漆、乾漆粉、金粉、銀粉、貝殼、顏料

6. 技法：戧金、平蒔繪

7. 說明：〈木棉花〉以戧金技法為主，藉由淺刻、深刻木棉花的不同，勾勒出前後景並呈現空間感。閃亮的貝殼鑲嵌光點，點綴畫面，與黑色背景相襯，使作品有虛實掩映的效果。

8. 理念：惟獨木棉才能觀看輕鳥在林間飛舞的姿態，惟獨木棉才能在那燦爛的色彩下，包裹著堅實的內在，剛柔並濟的它，在黑夜的烘脫顯出它卓然挺立的美感，似真似幻⋯⋯。

9. 收藏地點：美研漆藝工坊

圖 7-17：清香

1. 創作者：王清霜
2. 作品名稱：清香
3. 年代：1998
4. 尺寸：45*60 cm
5. 材料：天然漆、乾漆粉、金粉、銀粉、金箔、礦物顏料
6. 技法：高蒔繪、平蒔繪
7. 說明：王清霜因為喜歡檳榔花香，故以之為創作題材。採用超近觀寫實手法，高超的研出蒔繪技巧，展現細膩逼真的檳榔花。碩大的團扇形花蕊占據畫面的絕大空間，吸引眾人的目光；花蕊外圍的圈圈擴散，形象化香氣，彷彿有動態的美感。
8. 理念：夏日涼風徐徐，南臺灣檳榔樹葉隨風搖擺，難得的悠閒空氣讓檳榔樹也笑得心花怒放，婀娜多姿的它，輕輕鬆鬆地吐露清香涼爽的氣息。
9. 收藏地點：台南市立美術館、美研漆藝工坊

圖 7-18：蝴蝶蘭花(網版套色)

1. 創作者：王清霜
2. 作品名稱：蝴蝶蘭(網版套色)
3. 年代：1980
4. 尺寸：20*26 cm
5. 材料：塑胎、化學漆、金粉
6. 技法：網版印刷
7. 說明：圖案為人間國寶——王清霜親自設計繪製，為美研工藝有限公司長銷商品之一。
8. 收藏地點：美研漆藝工坊(字體)

圖 7-19：佇聆孔雀

1. 創作者：王清霜
2. 作品名稱：佇聆孔雀
3. 年代：2001
4. 尺寸：60*45 cm
5. 材料：天然漆、金粉、金箔、銀粉、貝殼、蛋殼

6. 技法：螺鈿鑲嵌、蛋殼貼附

7. 理念：我凝望你素淨的高雅，你注視著我繽紛的艷麗。
自信讓我們昂然挺立，美麗使我們奪得注目，卻也讓
世人為我們築起一座驕傲的牆。

8. 收藏地點：美研漆藝工坊

圖 7-20：豐收

1. 創作者：王清霜
2. 作品名稱：豐收
3. 年代：2010
4. 尺寸：122*95 cm
5. 材料：天然漆、金箔、丸金、礦物顏料
6. 技法：平蒔繪、高蒔繪

7. 說明：王清霜以關懷自然風土為重點，描繪田野鄉間豐碩的稻禾景致。構圖上穩定和諧，依遠近將稻田分作四塊，近景畫出飽滿的稻穗，顯示豐收成果；遠景山色與雲霧之朦朧美，更暈染溫暖的氛圍。

8. 理念：秋天的黃昏，我從草屯藝術大道回首眺望八卦山，夕陽餘暉映照著穗穗金黃稻禾，啊！草鞋墩，又一季豐收的美麗風光。

9. 收藏地點：美研漆藝工坊

圖 7-21：杵音

1. 創作者：王清霜
2. 作品名稱：杵音
3. 年代：2009
4. 尺寸：95*75 cm
5. 材料：天然漆、金粉、貝殼、礦物顏料
6. 技法：平蒔繪
7. 理念：杵音鏗鏗，敲出邵人對祖靈的懷想，敲動了旅人對蓬萊的渴望，敲開了水沙連神祕的面紗。
8. 收藏地點：美研漆藝工坊

圖 7-22：晨曦

1. 創作者：王清霜

2. 作品名稱：晨曦

3. 年代：2002

4. 尺寸：75*63 cm

5. 材料：天然漆、乾漆粉、金粉、銀粉、金箔、蛋殼、

貝殼、礦物顏料

6. 技法：平蒔繪、螺鈿鑲嵌、蛋殼貼附

7. 理念：天剛亮，大地還安靜著，所以即使是覓食，動作仍輕盈，步伐仍優雅，深怕打擾這一片靜謐。

8. 收藏地點：美研漆藝工坊

圖 7-23：吉雞(河面冬山圖稿)

1. 創作者：王清霜
2. 作品名稱：吉雞(河面冬山圖稿)
3. 年代：2003
4. 尺寸：36*45 cm
5. 材料：天然漆
6. 技法：高蒔繪
7. 說明：日本有「人間國寶」之稱的河面冬山，是王清
   霜的漆藝恩師。王清霜修復恩師作品過程獲得啟發，
   因而創作〈吉雞〉，而「雞」與「家」臺語同音，寓意
   夫妻恩愛、家庭和諧。
8. 理念：司晨報曉，從不懈怠。勤除五毒，保佑吉祥。
   我從不以斑斕的彩羽為炫，信諾才是我的驕傲。靠著
   對家的承諾，憑著對工作的勤奮，才能真正的起家。
9. 收藏地點：美研漆藝工坊

圖 7-24：鵪鶉

1. 創作者：王清霜
2. 作品名稱：鵪鶉 2
3. 年代：2004
4. 尺寸：45*36 cm
5. 材料：天然漆、金粉、金箔、礦物顏料

6. 技法：高蒔繪、螺鈿鑲嵌

7. 理念：知足是我們的天性，隨處皆是我的家園。交友
是我的熱情，總愛成群呼伴。雖無大鵬展翅於萬里晴
天，但深居淺草也得自在。

8. 收藏地點：美研漆藝工坊

圖 7-25：月下美人

1. 創作者：王清霜

2. 作品名稱：月下美人

3. 年代：2008

4. 尺寸：60*45 cm

5. 材料：貝殼、炭粉、消金粉、天然漆、丸金、丸銀、

金箔、色漆

6. 技法：高蒔繪、研出蒔繪、螺鈿鑲嵌

7. 說明：王清霜對於曇花情有獨鍾，於寓所種植、繪製曇花前後達 11 年，長期積累孕育出〈月下美人〉這一作品。王清霜以高蒔繪與研出蒔繪技法，細膩呈現花瓣的色澤、質感，朦朧金霧增添神秘感。

8. 理念：庭院前的一枝曇花，已連續開了十年，同時也寫生十年，這是帝王之花，只能在暗夜中見到她短暫的風華，於是我用永恆的漆畫保住她的永遠。

9. 收藏地點：美研漆藝工坊

圖 7-26：排灣少女

1. 創作者：王清霜
2. 作品名稱：排灣少女
3. 年代：2010

4. 尺寸：60*45 cm

5. 材料：天然漆、金粉、銀粉、金箔、貝殼、礦物顏料

6. 技法：平蒔繪、罩漆磨顯、螺鈿鑲嵌

7. 說明：王清霜受原住民文化影響，創作不少原住民題材的作品。此作品以身著傳統服飾的排灣少女，展現排灣族精巧的工藝美學，是臺灣原住民中具有文化性及藝術價值的代表之一。

8. 收藏地點：美研漆藝工坊

圖 7-27：桐林瑞梅

1. 創作者：王清霜
2. 作品名稱：桐林瑞梅
3. 年代：2017
4. 尺寸：104*72 cm
5. 材料：天然漆
6. 技法：高蒔繪
7. 說明：台灣海拔最高的信義鄉桐林社區，是國內著名的賞梅景點。此件作品在創作的過程中，人間國寶-王清霜大師以年過 95 歲的高齡，仍親自桐林社區賞梅、寫生好幾次，才於 2017 年年初完成了這幅作品。
8. 收藏地點：美研漆藝工坊

圖 7-28：凝香

1. 創作者：王清霜
2. 作品名稱：凝香
3. 年代：2003
4. 尺寸：60*45 cm
5. 材料：天然漆、礦物顏料、乾漆粉、金箔、丸金、
　　貝殼、銀粉
6. 技法：高蒔繪
7. 說明：小小的盆景從不為我設限，乾涸的土地也不為
　　我攔阻：只要扎好根基，昂然挺立，生命的潛能自會
　　開展出盎然的綠意。
8. 收藏地點：美研漆藝工坊

圖 7-29：鳳凰花

1. 創作者：王峻偉

2. 作品名稱：鳳凰花

3. 年代：2015

4. 尺寸：75*63 cm

5. 材料：天然漆

6. 技法：平蒔繪、罩漆磨顯、螺鈿鑲嵌

7. 說明：在母校草屯國小高年級的教室後面，種著好幾
   棵高大的鳳凰，印象中，每次只要在暑假將近的畢業

季，教室後面的鳳凰木就會開始綻放，並伴隨著知了的叫聲，是我對童年最美好的回憶。

8. 收藏地點：美研漆藝工坊(少字和字體錯)

圖 7-30：黃金印象－風鈴木

1.創作者：王峻偉

2.作品名稱：黃金印象-風鈴木

3.年代：2017

4.尺寸：75*63

5.材料：天然漆

6.技法：平蒔繪、罩漆磨顯

7.說明：2015 年的初春，由於前一年的冬季雨量特別的
　　少，因此，這一年的黃金風鈴木開的特別的茂盛。某

天的下午，帶著家人由草屯開往芬園的路上，第一次
看見了整排同時盛開的黃花風鈴木，當時的景象到現
在都依然非常的深刻。

8.收藏地點：美研漆藝工坊

圖 7-31：艷紫荊

1.創作者：王峻偉

2.作品名稱：艷紫荊

3.年代：2016

4.尺寸：75*63 cm

5.材料：天然漆

6.技法：研出蒔繪、螺鈿鑲嵌

7.說明：國中及高中的求學時期都在南投的中興新村渡

過，這占地兩百公頃的人間淨土中，有著非常大面積的綠地覆蓋，充滿了許多各種不同的植栽。在長春公園旁的五百戶社區旁，有一片艷紫荊的樹林，是在中興國中就學時期回家時都會行經的地方，每年秋冬時期花開整片，是寒冬中最美的風景。

8.收藏地點：美研漆藝工坊

圖 7-32：同心永固（蔡英文總統訪問史瓦濟蘭贈禮）

1.創作者：王峻偉

2.作品名稱：同心永固（蔡英文總統訪問史瓦濟蘭贈禮）

3.年代：2018

4.尺寸：45*36 cm

5.材料：天然漆

6.技法：平蒔繪

7.說明：以象徵的台灣精神的台灣特有種－台灣阿嬤與
　與史瓦濟蘭國王親自命名的蘭花-國王的母親作為創作
　主題。畫面中兩株蘭花前後相交連成一氣，象徵兩國
　邦誼長久永固。

8.收藏地點：美研漆藝工坊

年　表

1922 出生於臺中縣神岡鄉圳堵村。

1937 就讀私立臺中工藝專修學校漆工科（至 1940 年）。

1940 由校長山中公引薦至日本東京美術學校，師事於河面冬三、和田三造等人，並就讀於日本東京圖案專門學院。

1944 學成返臺，受聘於母校私立臺中工藝專修學校，擔任美術與漆工科師（至 1947 年）。與陳彩燕女士結婚。

1948 擔任臺灣工礦公司玻璃分公司新竹漆器工廠工務課長（至 1949 年）。長女王麗華出生。

1950 次男王賢民出生。

1952 與顏水龍共事，舉辦「南投縣特產手工藝指導員講習會」（至 1953 年）。三男王賢志出生。

1953 與顏水龍在草屯策辦「南投縣工藝研究班」。

1954 任職於「南投縣工藝研究班」教務主任。

1955 擔任臺灣省政府民政廳、建設廳合辦「平地山胞手工業訓練班」副教務長。

1956 由臺灣省政府遴派至日本國立工藝試驗所技術部研

究班教務主任及關廟竹細工訓練班、各縣推廣班視
察（至 1959 年）。

1959 重新創設「美研工藝公司」於草屯（至 1991 年）。

1965 參訪日本博覽會，引入尿素樹脂熱壓成型技術製作
胎體。

2002 日本東京藝術大學教授三田村帶河面隆（王清霜恩
師河面冬山之三子）來訪，面交因火災受損之河面
冬山漆畫作品，請王清霜整理修護。

2007 遊黃山，回臺後創作「黃山奇景」、「宏村古色」兩
幅漆畫。遊吳哥窟，回臺後以當地景物作畫。

2008 國立臺灣工藝研究所工藝資訊館落成典禮，王清霜
率王賢民、王賢志、廖勝文等人整修完成「天人合
一」大壁畫於典禮中揭幕。南瀛總爺藝文中心紅樓
展館漆藝之美，王清霜、王麗華、王賢民、王賢志
家族聯展。

2010 臺中縣立港區藝術中心漆藝之美／王清霜、王麗
華、王賢民、王賢志漆藝薪傳展。

大事紀

重要獎項

2016 獲頒總統府二等景星勳章

2014 獲得文化部第三屆國家文化資產保存貢獻獎——「保存傳承類」

2010 獲行政院文化建設委員會依據文化資產保存法指定為「重要傳統工藝美術文化資產-漆工藝保存者」

2009 經南投縣政府登錄為傳統工藝美術-漆工藝保存者

2007 榮獲行政院文化建設委員會第一屆國家工藝成就獎

1999 榮獲第七屆中華文化藝術薪傳獎——民俗工藝類

1997 榮獲日本明治神宮漆之美展特別獎

1953 參加第八屆臺灣省全省美術展覽，以膠彩作品〈竹山紙寮〉獲入選

1952 參加第七屆臺灣省全省美術展覽，以膠彩作品〈崁頂〉獲入選

1949 參加第四屆臺灣省全省美術展覽，以膠彩作品〈秋夜〉、〈浴光〉獲入選

1948 參加第三屆臺灣省全省美術展覽，以膠彩作品〈深秋〉獲無鑑察賞

1947 參加第二屆臺灣省全省美術展覽，以膠彩作品〈中秋的大甲溪〉、〈霧〉參加國畫類比賽，其中〈中秋的大甲溪〉獲入選，〈霧〉獲特選

1946 參加第一屆臺灣省全省美術展覽，以膠彩作品〈晚秋之晨〉參加國畫類及〈獅子〉作品參加雕塑類比賽，雙雙入選展歷

2017 臺中市政府文化局邀請於大墩文化中心辦理──「人間國寶王清霜漆藝特展」

2016 臺北當代工藝設計分館──「精工造藝・頂級美器工藝典藏之寶特展」

2015 文化部文化資產局邀請於佛光山佛陀紀念館辦理──「記憶技藝-104 年度重要傳統工藝美術傳習計畫成果展」

2013 參加文化部文化資產局與國立臺灣工藝研究中心共同辦理的「世紀蓬萊塗」臺灣百年漆藝特展

2013 公視首次與日本富士電視臺合作拍攝「臺灣漆器的故事」

2013 文化部與日本國立東京藝術大學舉辦「臺灣文化光
　　　點計畫-臺日藝術文化交流事業」

2013 豐原區公所豐原漆藝館辦理──「王清霜漆藝薪傳
　　　聯展」

2012 南投縣政府文化局辦理南投縣傳統工藝保存者特展

2011 美國肯達基州之 Headley and Whitney 博物館「閃亮
　　　的傳承－王清霜家族當代臺灣漆藝之美」特展

2010 臺中縣港區藝術中心──「漆藝之美－王清霜、王
　　　麗華、王賢民、王賢志漆藝邀請展」

2010 臺中創意文化區──「頂真‧巧藝－國家指定重要
　　　傳統藝師特展」

2009 臺灣總爺藝文中心──「漆藝之美‧王清霜家族漆
　　　藝邀請展」

2009 彰化縣文化局展出──「漆‧不朽的工藝－臺灣漆
　　　文化協會會員展」

2009 應行政院文化建設委員會文化資產總管理籌備邀請
　　　參加「第一屆臺灣無形文化資產大展」。

2008 國立臺灣工藝研究所臺北展示中心辦理──「齊以
　　　靜心漆藝邀請展」

2006 國立臺灣工藝研究所──「漆彩新視界－漆藝大師
　　　王清霜 85 回顧暨薪傳展」

2003 總統府畫廊地方特色新春特展南投文物展，應邀參展

2003 國立臺灣工藝研究所籌劃臺灣工藝赴澳洲展出，應邀參展

2002 南投縣文化中心──「王清霜、王賢民、王賢志父子聯展」

2002 國立臺灣工藝研究所臺北展示中心──「王清霜創作 80 回顧展」

2001 文建會法國巴黎文化中心、美國紐約文化中心──「漆藝之美」特展

2001 總統府藝廊邀請展

2001 國立臺灣工藝研究所──「王清霜漆藝創作 80 回顧展」

2001 臺中縣立文化中心──第十三屆藝術薪火相傳接力展──「漆藝之美」個展

1998 新竹市立文化中心──「98 中日漆藝展」

1995 臺北國際設計展──「臺灣工藝五十年」

1993 臺北展示中心舉辦──「美研漆藝展」

1993 行政院文化建設委員會──「國際傳統工藝大展」

1991 臺灣美術館「臺灣工藝展──從傳統到創新」

1985 臺灣省工業產品評鑑暨展覽

榮　銜

2009 當選第一屆「中華民國傳統匠師協會」理事長

2006 臺灣漆文化協會成立，獲選為第一屆理事長

2005 國立臺灣工藝研究所拍錄《臺灣工藝薪傳錄/漆藝大師王清霜》DVD 專輯

2004 擔任國立臺灣工藝研究所漆藝研習班傳藝老師

1996 擔任臺灣省手工業研究所暑期技藝訓練研習班漆藝科教師。

1996 擔任國立傳統藝術中心漆藝諮詢委員。

1996 擔任「漆器藝人陳火慶技藝保存與傳習計畫」專任漆藝教師

1995 擔任臺灣省手工業研究所暑期技藝訓練班漆藝科教師

1965 當選南投縣木器公會理事長

參考資料

書　籍

1. 美研漆藝工坊（2018）。《蒔繪・王清霜：漆藝大師的綺麗人生》。臺中市：文化部文化資產局。

2. 施國隆（2014）。《積厚流光源遠承傳：國家文化資產保存獎紀念專輯》。臺中市：文化部文化資產局。

3. 林正儀（2010）。《沒有彎路的人生——王清霜的漆藝生命史》。南投縣：國立臺灣工藝研究發展中心。

4. 黃麗淑(2010)。《千文萬華：繽紛的漆藝世界》。高雄市：高市史博館。

5. 王賢志（2005）。《漆藝之美：王賢志漆藝創作集》。臺中市豐原區：中縣文化。

6. 陳秀義總編輯（2003）。《南投玉山情・逐夢水沙連》。南投市：南投縣政府文化局。

7. 陳秀義總編輯（2002）。《漆藝之美：南投縣現代漆藝》。南投市：南投縣政府文化局。

8. 王清霜（2001）。《王清霜漆藝集》。臺中縣豐原市：中縣文化。

9. 翁徐得、黃麗淑（2000）。《尋根與展望——臺灣的漆器》。臺北：商周編輯顧問股份有限公司。

刊　物

1. 盧沛妤（2017）。〈王清霜家族　棒棒開花〉。收錄於《文化臺中》第 28 期。臺中市：臺中市政府文化局。頁22-25。

2. 黃齡瑩（2011）。〈漆藝的美感生活——王清霜、王麗華、王賢民、王賢志創作展〉。收錄於《傳藝》第 93 期。宜蘭縣：國立臺灣傳統藝術總處籌備處。頁100-101。

3. 黃志農（2013）。〈王清霜無悔的漆藝人生〉。收錄於《傳藝》第 107 期。宜蘭縣：國立傳統藝術中心。頁94-99。

4. 陳頌欣(2016)。〈臺灣漆工藝時光載體　美研漆藝〉。收錄於《La Vie》第 146 期。臺北市：城邦文化事業股份有限公司。頁 165-167。

5. 黃志農（2013）。〈徒子徒孫承家學——漫談臺灣傳統

工藝家族傳承文化〉。收錄於《傳藝》第 105 期。宜蘭縣：國立傳統藝術中心。頁 6-15。

6. 簡榮聰（2013）。〈草屯鎮第一位人間國寶──臺灣漆藝大師王清霜的工藝成就與風範〉。收錄於《草鞋墩風華》創刊號。南投縣草屯鎮：投縣草屯鎮公所圖書館。頁 91-94。

7. 李艾容、林瑩貴、陳嘉祥、魏靜怡、謝涵怡（2011）。〈九十九年度臺灣工藝之家系列介紹──王賢民〉。收錄於《臺灣工藝》第 40 期。臺北市：國立臺灣工藝研究發展中心。頁 40-41。

8. Sarah Henrich（2011）。〈 A Shining Heritage： Contemporary Chinese Lacquer Art from the Wang Family 〉。In 《 ARTS ACROSS KENTUCKY 》。 KENTUCKY：Bizcards Today。Page 11-12。

9. 簡榮聰（2010）。〈蒔花養繪 臺灣漆藝的巨擘〉。收錄於《99 年度 重要傳統藝術保存者暨保存團體專刊》。臺中市：行政院文化建設委員會文化資產總管理處籌備處。頁 64-77。

10. 李培甄（2009）。〈漆工藝傳承：王清霜一家人〉。收錄於《人本教育札記》第 239 期。臺北市：人本教育文教基金會。頁 80-87。

11. 李德洪(總編輯)（2004）。〈臺灣漆藝國寶──王清霜先生〉。收錄於《筆園年鑑》。臺北縣：米迪仕國際有限公司。頁 80-83。

12. Leanne Kao（2003）。〈Lacquer's Natural Luster〉。In《Taipei Review》Vol.53。Kwang Hwa Publishing CO.。Page 58－59。

13. 王賢民、王賢志（2002）。〈亞洲瑰寶──漆藝之美〉。收錄於《彰化藝文》第十五期。彰化縣：彰化縣文化局。頁 15-19。

展　覽

1. 王清霜（2017）。《人間國寶：王清霜漆藝特展》。臺中市：大墩文化中心。

2. 盧文煚總編輯（2015）。《漆藝之美：王賢民、王賢志漆藝傳習特展》。臺中市：臺中市豐原區公所。

3. 陳兆虎等編輯（2013）。《工藝傳家系列特展‧貳》。宜蘭縣：國立傳統藝術中心。

4. 林嘉鎮總編（2013）。《王清霜漆藝薪傳聯展在豐原》。臺中市：中市豐原區公所。

5. 王壽來（2013）。《世紀蓬萊塗──臺灣百年漆藝之

美》。臺北市：文化部文化資產局　國立臺灣工藝研究發展中心。

6. 王清霜(發行人)（2011）。《漆‧不朽的工藝——建國百年臺灣漆文化協會會員展專輯》。南投縣：臺灣漆文化協會。

7. 王壽來總編輯（2010）。《頂真‧巧藝：國家指定重要傳統藝師特展》。臺中市：文建會文化資產總管理處籌備處。

8. 王清霜總編輯（2008）。《漾‧不朽的工藝》。南投縣：臺灣漆文化協會。

9. 林登讚（2006）。《漆彩新視界：漆藝大師王清霜 85 回顧暨薪傳展》。南投縣：國立臺灣工藝研究所。

10.杜正勝（2002)。《清宮蒔繪：院藏日本漆器特展》。臺北市：國立故宮博物院。

11.翁徐得（2002）。《王清霜漆藝八秩回顧展‧導覽手冊》。南投縣：國立臺灣工藝研究所。

12.翁徐得總編輯（2001）。《王清霜漆藝創作 80 回顧》。南投縣：國立臺灣工藝研究所。

13.翁徐得總編輯（2000）。《生活漆藝創作展專輯》。南投縣：國立臺灣工藝研究所。

網　站

文化部臺灣大百科全書：

http://nrch.culture.tw/twpedia.aspx?id=14923